O GATO
e a menina

história
Sonia Junqueira

Mariângela Haddad
desenhos

2ª EDIÇÃO
1ª reimp

Yellowfante

Eu estava dormindo, numa boa, em cima do muro. Aí chegou um menino, depois uma menina, e os dois desandaram numa falação que me incomodou pra caramba. Então, pulei pra calçada, me espreguicei até ficar beeem esticadinho e saí andando pela rua.

– Vou procurar ela – resolvi.

E fui. Mas fui devagar, sem pressa, porque as ruas sempre têm coisas muito interessantes pra gente ver e, principalmente, pra cheirar! Pessoas andando pra lá e pra cá, vitrines, latas de lixo, coisinhas nos cantos... E gente que tromba na gente, gente que dá pontapé, que xinga, que joga coisas, coitados de nós... Mas também tem gente que sorri, que acha a gente bonitinho, que faz carinho, passa a mão ou então mia, achando que tá fazendo igualzinho ao nosso miado... (Coitados! Não chegam nem perto...)

Assim que comecei a andar, as coisas começaram a acontecer. As pessoas me olhavam, vai ver que ficavam imaginando de onde eu vim, pra onde eu ia, se estava perdido, o que estava fazendo ali. Não dei bola e continuei.

Lá pelas tantas, tive um baita encontro, daqueles que não dá pra gente fazer de conta que não viu: aquele serzinho esperto e sorrateiro, que sempre se esconde num buraco e é... tão gostoso! "Nham, nham!", pensei e saí correndo atrás do rato. Fomos parar num telhado, e o danadinho escapou.

A vista lá de cima era linda, dava vontade de ficar ali apreciando, mas, de repente, o que vejo, mais uma vez? Comida! Pombos lindos, branquinhos... Mergulhei com tudo... mas os tontos fugiram pro buracão do céu!

Ainda persegui mais uma comidinha, mas esse povo que voa é mais difícil de pegar, você sabe. Fazer o quê?

"Faz mal não, uma hora eu consigo!", prometi pra mim mesmo. E continuei andando por este mundo tão divertido.

Fiz um pouco de exercício – só um futebolzinho, coisa pouca – pra não engordar, até que, de repente... um cheiro familiar. Parei, farejei em todas as direções... Sim, era ELA!

– Oba! Encontrei!

Minha dona estava sentada na grama, encostada numa árvore, fazendo o que mais gosta de fazer na vida (além de brincar comigo, claro): lendo. Corri pra ela, rodeei, fiz carinho, mostrei o tanto que estava com saudade.

Ela ficou muito alegre quando me viu (como sempre, claro) e me recebeu com todo o carinho. Ela me ama, sabe? (E é só por isso que deixo ela pensar que quem manda é ela... hehe!)

Dali a pouco, minha dona estava lendo de novo e eu, fazendo o que mais gosto de fazer na vida (além de perseguir comida, claro): dormindo!

Felicidade é um colo macio e quentinho...

O GATO E A MENINA

Coleção HISTÓRIAS DO CORAÇÃO
Copyright © 2008 Sonia Junqueira (história)
Copyright © 2008 Mariângela Haddad (desenhos)

Todos os direitos reservados pela Editora Yellowfante.
Nenhuma parte desta publicação poderá ser reproduzida,
seja por meios mecânicos, eletrônicos, seja via cópia
xerográfica sem a autorização prévia da editora.

CONCEPÇÃO E EDIÇÃO GERAL
Sonia Junqueira

EDIÇÃO DE ARTE
Norma Sofia

REVISÃO
Marta Sampaio

Junqueira, Sonia
    O gato e a menina / história, Sonia Junqueira ;
Mariângela Haddad, desenhos. – 2. ed. ; 1. reimp. – Belo
Horizonte : Yellowfante, 2023.

    ISBN 978-85-513-0684-0

    1. Literatura infantojuvenil I. Haddad, Mariângela. II.
Título. III. Série.

19-30227   CDD-028.5

Índices para catálogo sistemático:
1. Literatura infantil 028.5
2. Literatura infantojuvenil 028.5

Iolanda Rodrigues Biode - Bibliotecária - CRB-8/10014

A **YELLOWFANTE** É UMA EDITORA DO **GRUPO AUTÊNTICA**

Belo Horizonte
Rua Carlos Turner, 420
Silveira . 31140-520
Belo Horizonte . MG
Tel.: (55 31) 3465-4500

São Paulo
Av. Paulista, 2.073,
Horsa I Sala 309 . Bela Vista
01311-940 . São Paulo . SP
Tel.: (55 11) 3034-4468

www.editorayellowfante.com.br
SAC: atendimentoleitor@grupoautentica.com.br